# 총칼로
# 빼앗을 수
# 없는 것

| 조선어 학회 편 |

1판 1쇄 발행 2021년 1월 31일

글 김기정 | 그림 장경혜 | 펴낸곳 한권의책 | 펴낸이 김남중
교정 한지연 | 디자인 나비 | 스캔 공간
주소 (우)03968 경기도 파주시 노을빛로 109-26(202호)
출판등록 제406-251002011000317호
전자우편 knamjung@hanmail.net
전화 031-945-0762 | 팩스 031-946-0762

김기정·장경혜 ⓒ2021

ISBN 979-11-85237-49-7 74810
ISBN 979-11-85237-41-1 (세트)

이 책의 글과 그림은 저작권법에 의하여 보호받는 저작물입니다.
잘못 만들어진 책은 구입하신 곳에서 바꾸어 드립니다.

> 이 도서는 한국출판문화산업진흥원의 '2020년 출판콘텐츠 창작 지원 사업'의
> 일환으로 국민체육진흥기금을 지원받아 제작되었습니다.

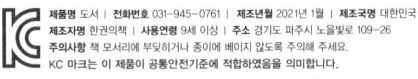

# 총칼로
# 빼앗을 수
# 없는 것

— 조선어 학회 편 —

장경혜 그림
김기정 글

한권의책

| 차례 |

자야는 생각 중　8

국밥집　14

말 모으기　24

나라와 말　32

책가방　39

화동 129번지　50

하얀 돌　60

| 역사의 한 순간 |　64

드디어 자야도 이들의 비밀스러운
여행을 알게 되었어요.
앞으로 이들에게는
어떤 일들이 기다리고 있을까요?

## 자야는 생각 중

이돌은 자야에게 몇 번이나 전화를 했는지 몰라요.
자야는 전화를 받지 않았어요.
대신 문자 메시지가 왔습니다.

-생각 중.

무슨 뜻일까? 시간 여행 때문에 충격을 받았나?

-겁쟁이! 나더러 거짓말한다고 놀려 대더니…….

이돌이 자야에게 문자를 보냈더니, 바로 답장이 왔어요.

-바보야, 한순간에 과거로 가는데 안 놀랄 사람이 어딨냐? 그리고 나 겁 안 먹었어. 생각 중이라고.

흐흐, 고려 강화도 바닷가에서 자야는 괴죄죄한 몰골이었어요. 이돌과 단지 1~2분 차이로 초록 문을 들어왔을 뿐인데 자야는 낯선 바닷가 사람들 무리 속에 있었다고 했어요.
너무 무서워서 아무 소리도 못 내고 벌벌 떨고 있을 때, 이돌을 발견한 것이었어요. 그땐 이돌도 자야를 부둥켜안고 눈물을 흘릴 뻔했어요. 지금 생각하면 얼굴이 화끈거리지만요.

-초록 대문에 또 갈래?

-갈 거야. 근데 지금은 안 돼. 생각 중이라고 했잖아.

-난 지금 가고 싶은데?

-너, 혼자 가기만 해 봐.

-ㅠㅠ

이돌은 자야의 성난 눈을 떠올리곤 피식 웃었어요. 다시 예전의 자야로 돌아온 듯했습니다.

그렇지만 이돌의 발걸음은 어느새 골목을 접어들고 있었습니다.

떵떵!

쿵쿵!

마을 아래쪽에서는 집을 부수는 작업이 한창이었죠. 굴삭기의 엔진 소리가 시끄러웠어요. 일꾼들도 바쁘게 움직였죠. 얼마 뒤면 이곳까지 올라올 거예요.

그렇다면 초록 대문도? 거기에 생각이 이르자, 마

음이 초조해졌습니다.

'초록 대문이 없어지기 전에…….'

이 수수께끼 같은 여행이 왜 자신에게 일어나는지 어서 알아내야 할 것 같았습니다.

이돌은 대문 손잡이를 잡고 힘껏 밀었어요.

끼이익!

## 국밥집

어둠 속에서 이돌은 허우적거렸어요.

이 여행의 시작은 늘 이렇게 종잡을 수 없어요. 누굴 탓할 일도 아니에요.

찬 기운이 살갗을 파고들었습니다. 눈앞이 어슴푸레하게 밝아졌어요.

펑펑 눈이 내리고 있어요. 큰길을 사이에 두고 가게들이 다닥다닥 늘어서 있었죠.

이돌의 눈에 낯선 가게 간판들이 보였어요.

'아, 저건 일본 말이야.'

우리나라 거리에 온통 일본 말이라니……? 그러고 보니 간간이 일본 옷차림을 한 이들이 지나갔어요.

'몇 년도쯤일까?'

뒤에서 부르는 소리가 들렸어요.

"만중아!"

거기엔 웬 할머니가 떡하니 버티고 섰어요. 하얀 저고리에 앞치마를 둘렀는데, 손에 부지깽이를 쥐고 소리쳤습니다.

"만중이 이놈, 장작 몇 개 부려 놓곤 그만이네."

하고는 부지깽이로 이돌의 엉덩이를 쳤어요.

피할 사이 없이 순식간에 벌어진 일이에요. 맞은 곳이 불에 덴 것처럼 아파 오고 눈물이 핑 돌았어요.

"냉큼 뒤뜰에 가서 장작 가져오너라!"

할머니가 다시 부지깽이를 치켜들자, 이돌은 화들짝 놀라서 뒤뜰로 도망가야 했어요.

할머니의 푸념 소리가 들렸어요.

"쟤가 오늘 참 이상하네?"

뒤뜰에는 아름드리나무가 있고, 그 옆에 장작이 수북이 쌓여 있습니다.

'아, 이걸 갖다 놓으란 말이었어.'

이돌은 으스스 떨렸어요. 아래를 내려다보니 맨발에 고무신이에요. 손은 반쯤 얼어서 벌겋게 되었죠. 아무리 시간 여행이라지만, 너무해요. 정신을 차릴 새도 없이 부지깽이로 얻어맞고, 꽁꽁 얼어붙은 몸으로 눈 속에서 장작을 날라야 하다니.

이돌은 장작개비 몇 개를 가게 앞에 내려놓고 언 손을 호호 불었습니다. 커다란 가마솥 안에 하얀 국물이 펄펄 끓고 있어요. 국밥집? 아빠를 따라갔던 시장 국밥집에서 이런 국물을 보았어요.

아궁이에서는 타닥타닥 소리를 내며 장작이 타들어 가고 있었습니다.

그리고 보면 몇 번의 여행을 하는 동안, 이돌한테도 작은 변화가 생겼어요. 그건 눈치가 빨라졌다는 거예요. 집에서는 느려 터지다고 엄마에게 구박을 받기 일쑤거든요.

'이 아이는 어느 시대, 어디 사는 누구이며 지금 무엇을 하고 있는지 알아내야 해.'

잠깐 사이 몇 가지는 알았어요. 이름이 만중이고 국밥집에서 장작을 나르던 중이라는 것.

먼저 귀를 쫑긋 세우고 이야기를 잘 들어야 해요. 그러고서 머리를 빠르게 굴리는 거예요.

장작을 다 나른 뒤, 이돌이 국밥집 안쪽 툇마루에 앉았을 때였어요.

손님들은 할머니를 장산댁이라 불렀습니다.

"만중이가 벌써 소학교에 가나요?"

정 선생이란 손님이에요. 문을 들어설 때부터 이돌을 보며 손을 흔들고 한쪽 눈을 찡긋했어요.

'아, 이 손님은 만중이와 잘 아는 사이야.'

장산댁은 고개도 안 돌리고 가마솥 안을 국자로 휘휘 저었어요.

"정 선생, 말도 마. 요 며칠 만중이 저놈이 책가방 사 달라고 들들 들볶았다우."

정 선생은 마흔쯤 되었을까? 동그란 안경을 썼고 머리는 뒤로 빗어 넘겼어요. 기름칠을 한 것처럼 반짝반짝 윤이 났습니다. 푸웃, 한데 말할 때 목소리가 가늘고 높았죠. 특히나 이름을 부를 때는 담임 선생님과 비슷하다고 이돌은 생각했어요.

정 선생이 말했어요.

"주만이는 어디 갔나요?"

"김 서방은 술도가에 술 받으러 갔수. 올 때 손자 책가방 사 온다고 했는데, 곧 올 거야."

그러니까 만중이는 국밥집 주인 장산댁의 손자이고, 김 서방은 아버지인 거예요.

손님은 다 해서 네 명!

정 선생은 탁자 위에 종이 뭉치를 꺼내 놓고서 수첩에 무언가 연필로 썼다 지웠다 열심이었습니다. 구석자리엔 납작모자를 눌러쓴 청년이 있었어요. 신문을 보는 척했지만 아까부터 가게 안을 가만가만 살피고 있어요. 가장 수상쩍었어요. 식당 가운데 자리엔 나이 지긋한 두 아저씨가 한창 얘기 중이었습니다. 이돌은 귀를 쫑긋하고 엿들었어요.

턱 밑에 수염이 희끗한 이가 먼저 물었어요.

"박 주사, 왜 뭔 일 있나? 얼굴이 안 좋아."

박 주사는 한숨을 쉬며 말했어요.

"이 소장님, 내 속이 까맣게 탔어요."

"왜?"

"어제 딸내미가 얼굴이 통통 부어서 왔지 뭡니까."

"애들은 싸우면서 크는 거지, 뭘 그러나."

"그러면 뭔 걱정이겠수. 뺨을 맞고 왔는걸요."

이 소장은 눈을 크게 뜨고 말했어요.

"어린애가 어디서……?"

"반에 일본 순사 딸이 있나 봐요. 아케미라나 뭐라나. 기고만장해 가지고 조선 아이를 무슨 벌레 쳐다보듯이 한다고……."

"걔랑 싸웠구먼."

"끝까지 들어 보세요. 아케미란 애가 자기 지우개가 없어졌다고 난리 법석이었다지 뭡니까. 우리 순이 가방을 뒤지더랍니다. '네가 도둑이지.' 하면서요. 순이가 성깔이 있어도 잘 참는 애예요. 결국 일이 벌어졌지요."

"옳거니, 싸움이 붙었군."

"아뇨. '난 훔치지 않았어!'라고 말해 버렸답니다."

"아니, 그게 뭐 어떻다고 그려?"

"소장님, 우리 순이가 '조선말'을 썼다고요."

"우리말을 써야지, 그럼 어디 말을 쓰는가?"

"소장님은 도무지 요즘 학교 분위기를 모르시네."

"아니, 학교에서 조선말을 했다고 아케미란 아이가 순이 뺨을 때렸단 말이야?"

"아뇨."

"그럼 누가?"

"요새 소학교에선 일본 말만 써야 한대요. 애들끼리 조선말, 아니 우리말을 쓰면 서로 고자질하게 한다는군요. 순이가 교실에서 우리말을 썼다는 말이 선생 귀에까지 들어간 거예요. 일본 선생이 교실로 후다닥 달려왔더래요. 순이를 보더니, 자초지종을 듣지도 않고 따귀를 갈겼답니다. 어린애 뺨을요."

이돌은 오스스 몸이 떨렸어요.

학교에서 일본 말만 써야 한다고? 거기다 아이한테 선생님이 손찌검을 하다니.

박 주사가 연신 분을 삭이고 있었어요.

"지우개는 아케미 가방에서 나왔답니다."

## 말 모으기

이돌은 잠시 생각에 잠겼어요.

'이번에는 왜 이곳일까?'

이렇다 하게 엄청난 사건이 벌어질 것 같지도 않았어요. 작은 국밥집 안에서 무슨 대단한 일이 벌어지겠어요?

좀 전 흥분해서 분통을 터뜨리던 두 아저씨도 잠잠해졌어요.

문득 이돌은 식당 안을 둘러보다 웃음이 났어요.

정 선생은 탁자 위에 종이 수십 장을 펼쳐 놓고는 이리저리 뒤적이면서 연필심에 침을 묻혀 가며 수첩에 뭘 적고 있어요. 입술이 시커메졌는데도 뭐가 좋은지 고개를 가볍게 흔들었어요.

박 주사가 호기심이 생긴 듯, 반쯤 일어서서 옆자리를 기웃댔습니다.

"이보시우, 국밥집에 와서 뭘 그리 썼다 지웠다 하는 거요?"

정 선생이 연필을 귓등에 꽂으며 말했어요.

"말을 모으고 있습니다."

이 소장이 헛웃음을 쳤어요.

"허허, 말을 모으다니, 해괴한 짓 하는 사람일세."

그러나 박 주사는 귀가 솔깃했는지, 이번에는 아예 정 선생 쪽으로 다가가선 탁자 위에 있던 종이 한 장을 집어 들었어요.

"어디 구경 좀 합시다. 가시개, 가우, 가새, 깍새……,

이게 다 뭔 말이오?"

정 선생이 빙글거렸어요. 기분이 썩 좋아 보였어요. 점잖은 차림과는 달리 웃는 얼굴은 해맑았어요.

"가위를 이르는 말입니다. 대구에선 '가시개'라 하고, 충북 괴산에서는 '가새'이고, 평양에선 '가우'라 부르지요."

박 주사는 무슨 소린지 모르겠다는 듯 고개를 갸웃댔어요.

"그런데 왜 그걸 적고 있는 거요?"

"우리말이 조선 팔도에서 어떻게 쓰이는지 조사하는 겁니다."

"이보쇼, 가위든 가새든 가우든 편하게 부르면 되지, 그걸 뭣 하러 조사를 하우. 웃기는 양반일세그려."

박 주사가 종이를 탁자에 내려놓고 자리에 앉았습니다.

정 선생의 말투는 매우 진지했어요.

"제가 고등학교 조선어 선생입니다. 근데 학생들을 가르칠 때 어려움이 많습니다. 만약에 말입니다. 서울에 있는 학교에서는 '가위'라 가르치는데, 평양에선 '가우'라 한다면 어떻겠습니까?"

옆자리 손님들은 알 듯 모를 듯한 얼굴이었습니다. 그건 어쩌면 한 번도 생각해 보지 않은 문제였기 때문인지도 몰라요.

정 선생이 이번에는 이돌 쪽을 보며 물었어요.

"만중아, 넌 낭구, 남기, 지들랑이 뭔 줄 아니?"

한쪽에서 지켜보기만 하던 이돌은 놀라 벌떡 일어났어요. 대답을 더듬대다 고개만 흔들었어요. 그런 말은 한 번도 들어 본 적이 없거든요.

정 선생은 그럴 줄 알았다는 표정이었습니다.

"만중아, 경상도, 함경도, 제주도에서 '나무'를 그렇게 부른단다."

하고는 다시 박 주사를 보며 말했습니다.

"이게 다 만중이가 학교에 가서 우리말을 올바로 쓰고 배우도록 하기 위해서입니다. 마구잡이로 쓰이는 우리말을 표준말로 정리해야 하는 이유죠. 그러면 우리말을 배우기도 쉽고 말이 사라질 일도 없습니다."

그제야 손님들도 정 선생의 말을 알아들은 듯했습니다. 박 주사는 고개를 주억이다가 이내 정 선생 옆에 바싹 붙어 앉았어요.

"허, 그거 참 신통한 일이긴 하외다. 우리말을 바로 쓴다니. 그런데 그 많은 말들을 무슨 수로 어떻게 모은단 말이오. 선생 말대로라면 조선 팔도에서 말들이 다 다르게 쓰이기도 하고 곳곳에 흩어져 있으니, 말을 모으려면 일일이 다 돌아다녀야 할 텐데?"

정 선생이 히죽거리며 대답했어요.

"저희도 그게 문제였습니다. 말을 찾아 전국을 다니려면 수십 년이 걸릴 일이죠."

"저희라니, 그런 일을 하는 이가 또 있소?"

"있다마다요. 거기 계신 훌륭한 분들에 견주면 전 심부름꾼 노릇이나 하는걸요. 저 같은 선생부터 대학 교수까지, 심지어 이름난 학자분도 같이 이 일을 합니다. 조선어 학회란 곳입니다."

"그래, 그 학회란 데서 말을 모은 거요?"

조선어 학회?

이돌은 들어 본 적이 없는 이름입니다.

정 선생이 대답했어요.

"우리도 처음엔 그냥 아는 대로 책을 뒤지며 주위에 물어보면서 우리말을 모았는데, 너무 어렵더군요. 말씀대로 조선 팔도를 다 뒤지고 다녀야 하는데, 그러기엔 시간도, 돈도 너무 부족했습니다. 그러다 기막힌 계획을 짜냈죠. 우리 조선어 학회에서 〈한글〉이란 잡지를 발간하고 있는데, 잡지에 '전국에 있는 사투리를 모읍니다.'라고 광고를 냈더니, 이렇듯 말들이 쏟아져 들어오더군요."

하더니 정 선생은 가방에서 종이 뭉치를 꺼냈습니다.

"이것 보십시오. 제주, 부산, 평양, 함흥 할 것 없이 조선 팔도에서 수만 명이 말을 적어 보낸 겁니다."

잠자코 있던 이 소장이 끼어들었어요.

"수만 명이? 그 많은 이가 우리말을 일부러 적어서 편지로 보냈다고? 허 참!"

정 선생은 주먹을 꼭 쥐었어요.

"학교에서 일본 말만 쓰게 하는 세상입니다. 그게 다 조선말을 없애려는 수작이죠. 그런데 곳곳에서 우리 조선 사람들이 우리말을 지키려고 움직이는 거예요."

박 주사가 탁자 위에 놓인 편지 봉투와 편지지를 보더니 눈이 휘둥그레졌습니다.

"이리 많은 이들이 보냈단 말이오?"

"이건 오늘 제가 우체국에서 받아 온 것들입니다. 하루에 수백 통이 모이죠."

"그래, 이걸 모아서 어쩔 작정이오?"

"이건 굉장히 소중한 보물입니다. 조선어 학회에서는 이 말들을 연구하고 정리해서 '우리말 사전'을 만들 겁니다."

'우리말 사전'이라 말할 때 정 선생의 눈이 반짝반짝 빛났습니다.

'말을 모으고, 사전을 만든다?'

하지만 이돌은 이게 얼마나 중요한 일인지 몰랐어요. 여태 국어사전을 한 번도 들춰 본 적이 없거든요. 늘 책꽂이 한쪽에 먼지만 쌓인 채 꽂혀 있는, 두꺼운 책일 뿐이었습니다.

'우리말 사전이 그렇게 중요한 건가?'

# 나라와 말

박 주사가 자리에 털썩 주저앉으며 말했어요.

"정 선생이라 했지? 그리 애쓴들 뭣 하겠소. 내 딸은 학교에서 일본 말만 써야 한다오."

이 소장도 말을 덧붙였습니다.

"나라를 빼앗긴 판에 어쩌겠누. 이러다간 벙어리가 될 판이야."

정 선생은 입을 앙다물곤 두 사람을 번갈아 보며 목소리를 키웠어요.

"그것이 저 일본 놈들이 가장 바라는 바지요. 이럴수록 우리 스스로 우리말을 지켜야 합니다."

바로 그때였어요.

탁!

이돌은 움찔했어요. 납작모자를 쓴 청년이 숟가락을 탁자에 세게 내려놓는 소리였습니다.

납작모자는 실실 웃음을 흘리며 말했어요.

"이보슈, 우리말은 무슨, 개나 줘 버리지. 나이깨나 드신 어른들은 조선을 구경이나 하셨잖소."

이 소장이 눈을 부라렸습니다.

"아니, 새파랗게 젊은 놈이……."

납작모자는 거들떠도 안 보았어요.

"나는 말이오. 태어나 눈 떠 보니, 조선은 십 년 전에 망해 사라지고 일본 천지입디다."

크게 내지르는 목소리도 아니었는데 이돌의 귓속에서는 쾅쾅 울려 댔어요. 아, 태어나 보니 일제 식민

지였다고?

국밥집 안은 조용해졌습니다. 납작모자의 목소리는 출발 직전의 증기 기관차 같았습니다. 시~익식!

"그래서 난 조선이 어떤 나란지 모르오. 본 적이 없으니까. 옛날이야기일 뿐이지. 난 나라라는 게 뭔지 모르오. 조선이 망할 때, 당신들은 무엇을 했소?"

정 선생이 말했어요.

"이보시게, 조선이 힘이 없어 일본 총칼에 이 지경이 되었지만, 곧 독립할 날이 올 걸세. 3·1 만세 운동도 그렇고, 임시 정부가 대한 독립을 위해 싸우고 있는 걸 모르나?"

"독립은 무슨 개뿔! 우리한테 총이 있소, 비행기, 전차가 있소? 무슨 수로 저놈의 일본을 당한단 말이오. 중국도 일본한테 꼼짝 못 하는걸."

정 선생이 대답했어요.

"언제까지 일본이 우리를 총으로 누를 수는 없소.

우리에게는 말이 있지. 조선말. 그리고 한글이 있소."

"흥! 겨우 말과 글자로 일본을 이긴다고?"

"지금 당장은 이긴다 말하긴 그렇네만, 말과 글이 있는 한 결코 지지 않을 걸세."

그러곤 정 선생은 탁자 위에 있던 종이를 들어 보이며 말했습니다.

"이것 보게나. 나라 곳곳에서 아이, 소학생, 중학생, 고등학생에 아주머니, 할아버지까지 우리말을 적어 보내 준 걸세. 이 사람들이 왜 이걸 우리 학회에 보냈겠는가. 다 우리말과 글을 지켜 내자는 마음일세."

납작모자가 배꼽을 잡고 웃었어요.

"낄낄낄, 일본 헌병이나 순사 앞에서나 그런 말을 해 보슈. 양반 나부랭이 같은 소리 더는 마쇼."

그리고 이돌 쪽을 보았습니다.

"야, 만중아. 너는 내년에 학교에 들어가도 일본 말만 배우겠구나. 조선말을 쓰면 뺨을 맞을 테니, 너는

영영 그 잘난 한글을 못 배우고 말 게다. 일본 놈 시늉하며 요령껏 사는 법이나 배워라."

납작모자가 비굴해 보여서일까요?

우리말과 글을 맘대로 못 쓴다는 게 믿어지지 않아서일까요?

이돌은 속에서 뭔가가 북받쳐 올랐어요.

이돌은 또 한 번 엉뚱한 대답을 하고 말았어요. 왜 그런 말이 튀어나왔는지 자신도 알 수 없습니다.

"아뇨, 저도 한글을 알아요."

정 선생과 두 손님이 의아한 얼굴을 했어요.

"꼬맹이가 벌써 한글을 깨쳤다고?"

순간 납작모자가 벌떡 일어서더니 비틀비틀 이돌 쪽으로 걸어왔습니다. 못 믿겠다는 얼굴이었어요. 그러곤 탁자 위에 종이 뒷면을 펼치며 말했어요.

"이 녀석, 그럼 어디 한번 써 봐라."

"뭘요?"

"한글인가 뭔가, 써 보라고!"

이돌은 뭘 적어야 할지 망설이지 않았어요.

이 순간 딱 어울리는 한글은 단 하나라는 생각이 들었거든요.

이돌은 연필을 쥐고 꾹꾹 눌러 글씨를 썼어요.

## 대한민국

국밥집 안은 고요했어요. 아주 잠깐인 것 같기도 했고, 서너 시간이 흐른 것 같기도 했어요. 모두들 굳은 채 눈도 깜짝 않았으니까.

납작모자는 모자를 벗어 움켜쥐었고, 다른 이들은 탁자 위 종이에서 눈을 떼지 못했습니다.

'또 섣부른 짓을 한 건가?'

이돌은 잘못을 저지른 아이처럼 아무 말 못 했어요.

## 책가방

히이힝!

밖에서 말 울음소리가 들리지 않았다면, 국밥집 안에서는 누구도 먼저 움직이지 않았을 거예요.

수레가 국밥집 앞에 멈춰 섰어요.

이돌은 수레를 끌고 있는 조랑말이 신기했어요.

조랑말이 끄는 수레! 식구들이랑 제주도 여행에서 보았던 조랑말을 길거리에서 보다니.

한 사내가 수레에서 훌쩍 내렸어요. 콧수염을 기른

중년의 사내는 장산댁과 몇 마디 속삭이고는 국밥집 안으로 들어왔습니다. 손에는 종이로 둘둘 감은 물건이 들려 있었어요.

누굴까?

정 선생이 먼저 중년 사내를 알아보았어요.

"주만이!"

"정 선생, 자네가 여긴 웬일이야!"

둘은 서로 가볍게 안았어요. 그러다 중년 사내는 옆에 있는 납작모자에게 아는 체를 했어요.

"어이쿠, 종길이도 와 있었네."

"네, 형님!"

납작모자가 모자를 벗으면서 깍듯이 인사를 했습니다.

장산댁이 식당 안으로 얼굴을 들이밀었어요. 무슨 일인지 장산댁은 안절부절못했어요. 아까 당당하던 국밥집 주인의 모습은 온데간데없어요. 얼굴에 불안

한 빛이 어려 있었습니다.

"김 서방! 방금 전에 양복점으로 들어갔네."

김 서방이라고?

이돌은 김 서방을 찬찬히 훑어봤어요. 짧게 깎은 머리에 비쩍 마르고 큰 키였습니다. 김 서방, 그러니까 만중이의 아버지예요.

만중이 아버지는 장산댁에게 침착하게 말했어요.

"어머니, 너무 걱정 마시고 말씀드린 대로만 하시면 돼요."

대체 무슨 일일까?

이돌의 눈에도 밖이 수상했어요. 사람들이 우왕좌왕 종종걸음을 쳤어요. 분위기가 심상치 않았어요.

그런데 아버지는 조금도 당황한 빛이 없었어요. 한쪽에 엉거주춤 서 있는 이돌에게 다가왔어요. 종이로 싼 물건을 풀어 헤치며 말했어요.

"이 녀석, 옜다! 온종일 기다렸지? 어서 메어 봐라."

그건 책가방이었습니다. 요 며칠 만중이가 졸랐다던, 그 책가방이었어요. 만중이였다면 좋아서 펄쩍 뛰었겠지만, 이돌은 얼떨떨한 얼굴로 간신히 웃어 보인 게 다예요.

이윽고 아버지는 얼굴을 돌려 손님들을 향했어요. 금세 딴 얼굴이 되었죠. 긴장한 얼굴입니다.

"여러분, 이러고 있을 때가 아니에요."

박 주사의 목소리가 덜덜 떨렸어요.

"대체 무슨 일이요? 거리가 수상해!"

아버지는 손님들을 빙 둘러보며 말했습니다.

"삼십 분 전에 총독부 건물에 누가 폭탄을 던진 모양입니다."

박 주사가 화들짝 놀라며 물었어요.

"폭탄이 터졌소?"

아버지는 탁자에 손을 짚고 말했어요.

"터지기라도 했으면 속이라도 후련했겠지요. 불발

탄이었답니다. 시내에 순사들이 쫙 깔렸어요. 불심 검문을 하고 온통 난리입니다. 곧 이곳에도 들이닥칠 겁니다."

그 소리에 박 주사와 이 소장은 얼굴이 굳어졌어요.

"어서 나가세!"

아버지가 가로막았어요.

"나가면 얼마 못 가서 경찰서에 잡혀갈 거요. 지금은 그냥 여기 가만있는 게 낫습니다."

하지만 정 선생은 얼굴이 하얗게 바뀌더니 입술까지 파르르 떨어 댔습니다. 삼십 분 전만 해도 즐겁게 수첩 정리를 하고 우리말에 대해 열변을 토했는데, 그 모습은 온데간데없어요. 잔뜩 겁에 질린 채 뻣뻣해진 손으로 탁자 위에 펼쳐 놓았던 종이들을 주섬주섬 모으기 시작했습니다.

아버지도 탁자 위에 있는 종이를 보았어요. 그러곤 깜짝 놀라며 말했어요.

"아니, 자네 이걸 들고 밖에 나오면 어쩌는가?"

아버지는 종이의 정체를 알고 있던 거예요.

정 선생이 난감한 얼굴로 말했습니다.

"우체국에 들렀다 학회 사무실에 가져가던 참이었네. 편지들이 너무 궁금해서 살짝 읽어 보고 넣을 생각이었지. 이리 될 줄 몰랐어."

아버지는 정 선생의 종이 뭉치를 보면서 점점 얼굴이 심각해졌어요. 정 선생의 어깨를 짚으며 말했죠.

"자네가 여기서 나가면 곧 순사들을 맞닥뜨릴 걸세. 그자들은 가방을 뒤질 테고 우리말이 적힌 종이들을 그냥 지나치지 않겠지. 이게 걸리면 우리 학회가 위험해질 걸세."

정 선생은 우왕좌왕하며 혼잣말을 했습니다.

"아, 어쩌지? 하필 오늘 폭탄을 던질 게 뭐람."

이돌은 우리말을 적은 종이가 얼마나 중요한 것인지 정확히 알지는 못했어요. 하지만 적어도 지금 일제 시대 한복판인 것만은 분명했습니다. 맙소사, 이돌은 점점 눈앞이 아뜩해졌습니다.

장산댁이 다시 문을 열고 얼굴을 들이밀었어요.

"김 서방, 순사랑 헌병들이 막 옆집으로 들어갔네. 어쩌나?"

그 말에 정 선생은 얼굴이 파랗게 질렸어요.

"이봐, 여기 이 편지들을 숨길 데가 없을까?"

아버지는 여기저기 살피며 말했어요.

"경찰들이 집집마다 뒤지고 다니는데 어림없어. 좋은 방법을 생각해 보자고."

밖에서 소란스러운 소리가 들렸습니다. 금방이라도 이 국밥집으로 순사가 들이닥칠 것 같았어요.

이돌도 아버지처럼 국밥집 안을 둘러보았어요.

'우리말 원고를 숨길 만한 곳은 어디일까?'

하얀 벽에 선반, 가지런히 놓인 그릇들. 마치 투명한 유리처럼 국밥집은 휑하니 뚫려 있었죠. 어디에도 숨길 만한 곳이 없었어요. 그리고 그 순간 열한 살짜리 머릿속에서 기막힌 생각이 떠올랐어요.

"여기에 숨기면 돼요!"

국밥집 안에 있던 다섯 어른은 동시에 이돌이 손가락으로 가리키는 곳을 바라보았습니다.

그건 이돌이 메고 있는 책가방이었어요.

아버지와 정 선생은 거의 동시에 움직였어요. 탁자에 있던 종이 뭉치와 수첩을 책가방에 넣기 시작했답니다. 곧 책가방이 불룩해졌어요.

정 선생이 숨을 몰아쉬며 자리에 털썩 앉았어요.

"휴, 만중이의 기막힌 꾀 덕분에 살았네."

아버지가 대꾸했어요.

"아냐, 안심하긴 일러."

아버지는 이돌을 보며 말했습니다.

"여기서는 순사가 책가방을 뒤질 수도 있어. 한데 거리라면 얘기가 다르지. 집에 가는 소학생으로 알 테

니까. 만중아, 조선어 학회 주소를 적어 줄 테니, 네가 가방 안에 든 걸 학회에 전해 주거라."

이돌은 우물쭈물 말을 더듬었습니다.

"어, 어디로 가야 하는데요?"

"화동 129번지."

이돌은 또 한 번 눈앞이 캄캄해졌습니다. 이곳이 어딘지도 모르는데 다시 어디론가 찾아가라니요.

아버지가 말했어요.

"만중아! 거긴 너도 아는 곳이다. 열흘 전에 나랑 가 보았잖느냐?"

이돌은 얼굴이 굳어졌어요. 아무 말도 할 수 없었습니다. 만중이라면 알겠지만 이돌은 모르는 게 당연했어요. 이돌의 표정을 본 아버지가 말했어요.

"이런, 녀석! 그새 잊어버렸나 보네. 그럼 안국떡집은 알지? 그 뒷골목 막다른 집이다."

이돌은 '만중이 아버지, 난 아무것도 몰라요.'란 말

이 목구멍에 걸렸어요.

누군가 이돌의 어깨를 어루만졌어요. 납작모자였습니다.

"형님, 내가 같이 가면 되오."

아버지는 고개를 가로저었습니다.

"지금 길거리는 난리야. 어른들은 다 경찰서로 끌고 간다고. 너도 위험해."

"잡히면 그만이지. 나 같은 백수건달이 뭐 걸릴 게 있겠수. 운 좋으면 길목까지는 알려 줄 수 있을 거요."

이돌은 납작모자를 물끄러미 쳐다보았어요.

납작모자가 이돌에게 눈짓으로 장난스럽게 신호를 보냈습니다.

# 화동 129번지

눈발이 거세지고 있어요. 쌓인 눈이 발목까지 찼습니다.

거리엔 사람들이 뜸했어요. 길 저쪽에는 헌병들이 여기저기 지키고 서 있었어요. 지나가는 이들을 잡아 세우는 게 보였습니다.

납작모자는 옷깃을 세우곤 잔뜩 웅크린 채 걸었어요. 서너 걸음 뒤로 이돌이 뒤따랐어요.

이돌은 이런 상황이 좀처럼 믿기지 않았어요. 무슨

첩보 영화처럼.

조선어 학회? 우리말 사전?

처음 들어 보는 말이었지만, 중요한 일들인 건 틀림없어요. 거기까지 생각이 닿자, 또 의문이 들었어요.

왜 이런 시간 여행을 하게 된 걸까?

납작모자가 멈칫 서서 뒤를 돌아보았어요.

"만중아."

"예?"

"아까 무슨 뜻이냐?"

"뭐가요?"

"종이에 네가 쓴 거 말이다."

이돌은 납작모자 같은 어른이 그걸 모른다는 게 더 이상했습니다.

다시 납작모자가 물었어요.

"'대한'은 들어 보았어. 대한 제국이니 대한 독립이니……. 그런데 '민국'은 처음 들어 본다."

납작모자는 정말 모르는 것 같았어요. 솔직히 이돌도 '민국'이 무슨 뜻인지는 몰라요. 늘 '대한민국'이라고만 했으니까.

아, 어쩌면 이땐 나라가 세워지지 않아서인지도 모른다는 생각이 들었습니다.

이돌이 대답했어요.

"우리나라 이름이오. 새로운 우리나라예요."

"새 나라라니, 웃기는 놈일세. 대한민국이라고?"

납작모자는 위를 쳐다보며 이마를 찌푸렸어요.

"네 말처럼 그런 새 나라가 세워질 날이 오겠지? 그럼 참 좋겠다!"

납작모자가 눈이 내리는 하늘을 보며 '대한민국'을 나직이 소리 내어 말했어요. 하얀 입김이 보였습니다. 그리고 이돌을 보며 말했어요.

"만중아, 난 너랑 더는 못 가겠다."

"왜요?"

"저길 봐라."

삼십 미터쯤 앞에 순사와 총을 든 헌병들이 여럿 있었어요. 사람들을 하나하나 붙들고 몸과 짐을 뒤지고 있습니다.

"저기를 무사히 지나가긴 글렀다."

이돌은 덜컥 겁이 났습니다. 되돌아갈까 생각했지만, 이미 온몸이 빳빳하게 굳고 말았어요.

납작모자가 말했어요.

"자, 이제부터 내 말 잘 듣거라. 넌 모른 척하고 지나가면 돼."

"어쩌게요?"

"그냥 보고만 있어. 난 잡힐 거야."

납작모자는 아무렇지도 않게 얘기했어요.

이돌은 떨려서 턱이 덜덜거렸습니다.

"아저씨가 잡히면 129번지는 어떻게 찾아가요. 난 어딘지 모르는데요."

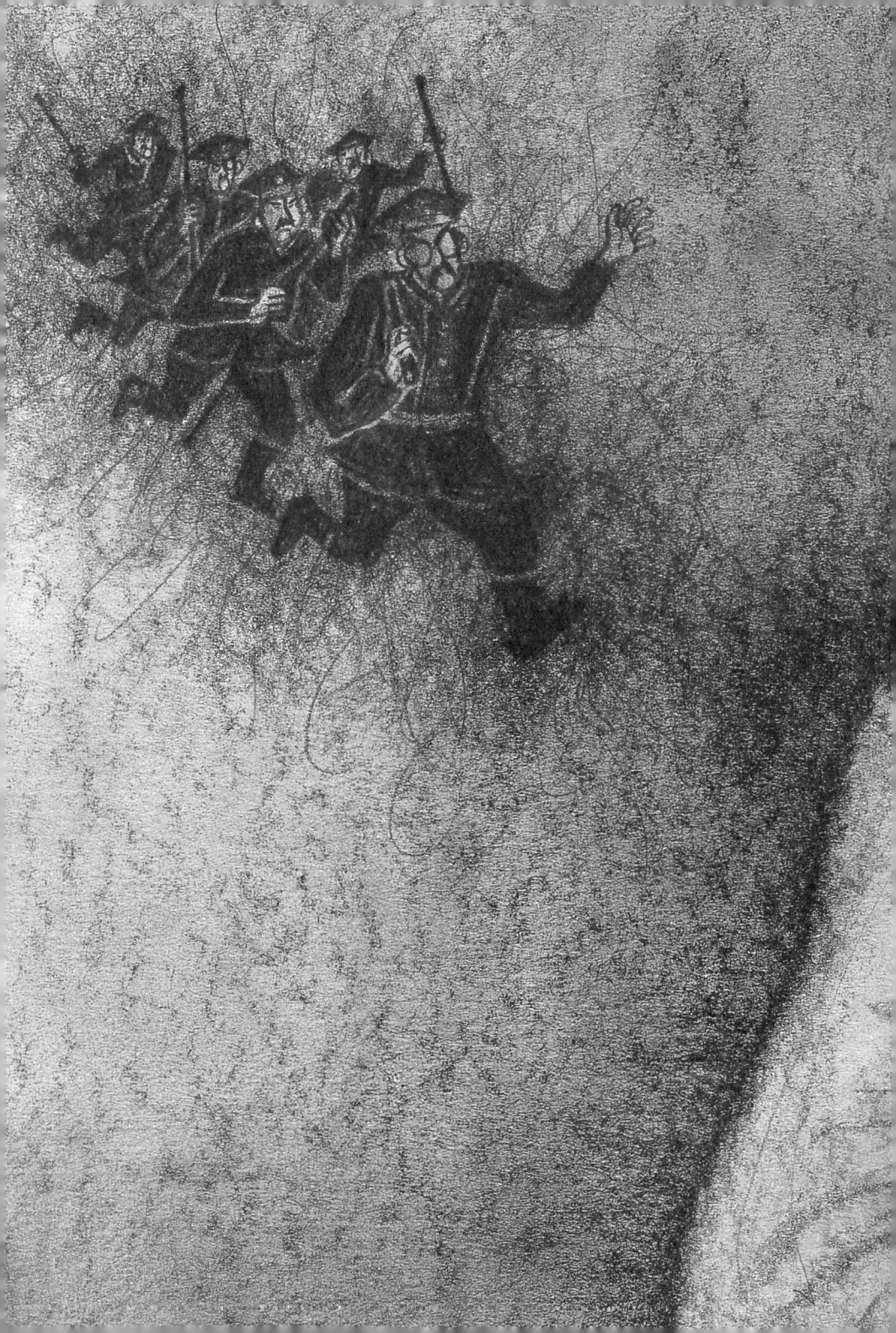

납작모자는 이돌과 두어 걸음 떨어져서 나직이 말했어요.

"만중아, 내가 하는 말 잘 들어라. 여기서 쭉 이백 걸음쯤 가면 네거리가 나오는데, 거기서 길을 건너라. 그다음 다시 백 걸음 걷고, 다시 네거리에서 길을 건너 왼쪽으로 틀어서 다시 서른 걸음. 거기가 안국떡집이다. 떡집 뒤 세 번째 골목으로 들어서면 129번지야. 모르면 가장 큰 대문 집을 찾아봐. 이층집이야."

앞쪽에서 호루라기 소리가 들려왔습니다. 그 소리에 납작모자는 어깨를 쭉 폈어요.

납작모자가 이돌을 돌아보며 말했어요.

"만중아! 누가 뭐래도 난 네 아버지를 가장 존경한다. 이 건달 놈을 사람으로 봐 주는 형님이거든. 네 아버지도 조선어 학회인가 하는 데서 일을 하시는 모양이다. 형님이라면 그럴 만도 하지. 그리고 오늘 네가 날 꽤나 놀라게 했다는 것만은 알아 둬라. 대한민국이라니……. 역시 주만이 형님 아들답다. 나중에 다시 보자꾸나!"

말을 마치자, 납작모자는 하늘을 향해 크게 소리를 쳤어요.

"왜놈 쪽발이들아!"

"날 잡아 봐라!"

"대한민국 만세다!"

그러고는 길을 건너 어둠 속으로 달리기 시작했습니다.

연이어 호루라기와 고함 소리가 들렸어요.

앞쪽에 있던 순사와 헌병들이 납작모자가 달려간 곳으로 쫓아가는 것이었습니다.

납작모자는 순사와 헌병들을 따돌릴 생각이었던 거예요. 이돌이 무사히 저 길을 지날 수 있도록 하려고요.

이돌은 잔뜩 겁먹은 채 고개를 푹 수그리고 걸었습

니다.

휘리릭! 호루라기 소리.

어지러운 발소리.

이어 탕! 총소리가 들렸습니다.

머리를 쳐들면 누군가에게 잡힐 것만 같았어요.

걸음만 세었어요. 서른셋, 서른넷…….

그러다 이백 걸음에서 고개를 쳐들었어요. 저만치 네거리가 보여요. 이돌은 그렇게 걷기만 했어요. 납작모자가 말한 그대로.

그렇게 얼마나 걸었을까?

드디어 저 앞에 떡집이 보였어요.

한겨울인데도 이돌의 등줄기는 땀으로 흠뻑 젖었어요.

뒷골목이라 했지?

골목에 들어서자, 이돌은 다리에 힘이 빠졌어요. 그 자리에 주저앉을 것만 같았습니다. 골목 저쪽에서 발

자국 소리가 들렸어요.

순사일까? 헌병?

드디어 막다른 집, 커다란 대문입니다. 초인종은? 보이지 않아요.

이돌은 주먹으로 문을 쿵쿵 두드렸습니다.

"누구세요?"

젊은 여자의 목소리와 함께 마당을 질러 다가오는 발소리가 들렸습니다.

이돌이 안심을 하고 고개를 숙였을 때, 고무신 끄트머리에 뭔가 반짝였어요.

하얀 눈 사이에 새하얀 돌!

이돌은 허리를 숙여 돌을 집어 들었습니다.

# 하얀 돌

집으로 돌아왔어요. 땀으로 옷이 후줄근하게 젖었어요.
이돌은 주머니에서 돌을 꺼내 들었어요.
하얀 돌!

우리말을 지키기 위해 그토록 많은 이가 애쓴 줄은 상상도 못 했어요.
전국 곳곳의 우리말을 열심히 모으던 정 선생.

국밥집 일꾼으로 보였지만, 남몰래 조선어 학회 일을 하던 만중이 아버지.

그리고 건달 납작모자. 순사들에게 잡히진 않았을까? 눈보라 속을 달려가던 납작모자가 아른거렸어요.

이돌은 책꽂이를 훑어보았어요. 한 번도 펼쳐 본 적 없는 국어사전이 눈에 들어왔습니다. 그리고 조심스레 인터넷 검색창에 글자를 두드렸어요.

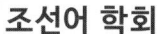

'총과 칼만으로 독립운동을 했던 건 아니었어.

말과 글을 지키는 것, 그림을 그리고 노래를 부르고, 공부하고 부지런히 농사짓는 것까지 어느 하나 독립운동이지 않은 게 없어. 희망을 잃지 않는다면 말

이야.'

그러고 보면 고려 시대 사람들이 몽골군을 이겨 내기 위해 팔만대장경을 만든 것도 다르지 않을 거라는 생각이 들었습니다.

이돌은 서랍을 열었어요. 거기엔 모아 놓은 돌들이 있었습니다. 돌들을 꺼내 책상 위에 올려놓았어요.

푸른 돌, 붉은 돌, 검은 돌, 노란 돌, 그리고 하얀 돌.

돌멩이마다 한 번의 여행이에요.

이돌은 자야에겐 당분간 비밀로 할 생각입니다.

혼자 다녀왔단 걸 알면 싫어할 테니까.

| 역사의 한 순간 |

1942년 어느 날 일본 경찰들이 서울 종로에 있는 한 집으로 들이닥쳤어.

조선어 학회 사무실이었지.

그곳에선 수십 년째 회원들이 모여 공부하고 회의를 하곤 했어. 학자와 선생님 등등 평범한 이들이었지. 그런데 일본 경찰은 사무실 안에 있던 수만 장의 서류를 빼앗고 학회원들을 감옥에 가둬 버려. 서른세 명. 몇몇은 고문을 받다 죽었어.

죄목은 내란죄. 조선 독립운동을 했다는 이유.

총과 칼을 든 것도 아니고 태극기를 흔들며 "독립 만세!"를 부른 것도 아닌데.

1945년 해방이 되어 학회원들은 감옥에서 풀려났지

만 기뻐할 수 없었어. 수십 년 동안 연구하고 써 왔던 원고가 사라졌거든.

그런데 얼마 뒤 전화가 한 통 걸려 와.

"여기 서울역인데요, 이곳 창고에 좀 이상한 종이 뭉치가 있습니다."

회원들은 한달음에 서울역 창고로 달려갔어. 먼지에 쌓인 원고 뭉치를 본 순간, "이건 기적이야!" 하며 서로 얼싸안고 울음을 터뜨렸지.

이들은 십 년 동안 원고를 더 연구하고 정리해서 책으로 펴내.

그것이 바로 우리나라 최초의 국어사전이야.

《우리말 큰사전》.

## 김기정

나고 자란 곳은 충청북도 옥천, 1500년 전 백제와 신라가 한창 싸움을 벌인 한가운데죠. 어른들이 말하는 옛이야기와 산기슭 곳곳에 남은 산성의 돌무더기를 보면서 역사를 되새기곤 했습니다. 천 년 전 역사가 지금의 나와 이어져 있다는 것도 알게 되었죠. 그동안 《바나나가 뭐예유?》, 《해를 삼킨 아이들》, 《네버랜드 미아》 같은 동화를 써 왔고, 종종 《우리 신화》, 《음악이 세상을 바꿀 수 있을까?》 같은 책도 냈습니다.

## 장경혜

서울에서 나고 자랐습니다. 어렸을 때부터 서툴게나마 낙서하는 것을 좋아했는데 어쩌다 보니 이렇게 역사책에 그림을 그리는 한 순간을 맞이하게 되었네요. 역사에 대해 잘 아는 것은 아니지만, 잠시나마 책 속 주인공인 이돌의 마음이 되어 함께 모험을 한다는 기분으로 그림을 그렸습니다. 그동안 그린 책으로 《둥근 해가 떴습니다》, 《똥배 보배》, 《도깨비 감투》, 《우리 동네 미자 씨》 등이 있습니다.

# 역사의 한 순간 • 우리 역사에서 가장 중요했던, 바로 그 순간의 역사 현장으로 떠나는 시간 여행!

### 수상한 글자를 만나다 | 세종 대왕 편 |

세종 대왕은 왜 한글을 만들었을까? 그리고 한글 창제를 끝까지 막으려 했던 사람들은 도대체 누구였을까? 주인공 이돌이 초록 문을 지나 도착한 시간은 세종이 밤낮없이 한글 창제에 매달리고 있던 순간이었다. 그곳에서 한글 창제에 결사반대하는 최 교리와 맞닥뜨리는데⋯⋯.

**책씨앗 이달의 추천도서 | 고래가숨쉬는도서관 겨울방학 추천도서**

### 거대한 줄다리기 | 이순신 편 |

단 열세 척의 배로 133척의 왜군을 무찔렀던 위대한 역사, 명량 대첩이 벌어졌던 바로 그 순간으로 역사 여행을 떠난 이돌. 알 수 없는 자객을 따돌리며 도착한 바닷가 작은 마을에서 겪은 일은 뜻밖에도 이상한 줄다리기 시합이었는데⋯⋯.

### 네 발의 총소리 | 김구 편 |

'뭔가 빠뜨린 것 같은데⋯⋯?' 아쉬운 발걸음을 떼며 건물을 나서던 순간 들려온 네 발의 총소리! 눈빛이 매서운 남자를 피해 겨우 집으로 돌아왔지만 컴퓨터에서 마주한 역사적 사실에 이돌은 눈물을 멈추지 못하는데⋯⋯.

### 나무에 새긴 간절한 희망 | 팔만대장경 편 |

보물을 가득 실은 배가 들어온다는 소식에 사람들은 모여들고, 무언가 비밀을 숨긴 눌지를 따라 배에 오른 이돌. 그곳엔 뜻밖에도 글자가 새겨진 팔만 장의 나무 판이 있었다. 그리고 바다 건너편에서 갑자기 수백 개의 깃발이 나부끼는데⋯⋯.

### 총칼로 빼앗을 수 없는 것 | 조선어 학회 편 |

이돌이 도착한 곳은 온통 일본 말이 가득한 거리였고, 그곳에서 만난 장 선생은 열심히 우리말을 모으는 중이었다. '말을 모은다고?' 도대체 무슨 말인지 알 수 없었던 이돌은 가방에 가득 담긴 종이 뭉치 때문에 위험에 빠지게 되는데⋯⋯.

• 역사의 한 순간 시리즈는 계속 출간될 예정입니다.